Brigitte Schär · Jacky Gleich

Mama ist groß wie ein Turm

Brigitte Schär   Jacky Gleich

Carl Hanser Verlag

Ich sitze ganz allein in einer Schulbank.
Weit weg von den anderen.
Wenn ich etwas sehen will,
muss ich mein Fernglas benutzen.
Durch das Fernglas sehe ich,
wie lustig es die anderen haben.
Alle Finger sind ständig in der Luft.
Nur ich langweile mich.
Deshalb bin ich immer müde.

Die haben mich so weit weggesetzt,
weil ich doch immer nur lüge
und alle anderen störe.
Das haben sie gesagt.
Dabei lüge ich gar nicht.

Was kann ich denn dafür,
dass meine Mama groß ist wie ein Turm
und tausend Kilo wiegt?

Die anderen möchten Mama
gerne mal sehen.
Das geht leider nicht.
Mama ist immer in der Welt unterwegs.
Mama ist nämlich überall sehr beliebt,
weil sie so groß und stark ist.

Gerade jetzt ist sie
mit einem Zirkus unterwegs,
irgendwo in China oder in Afrika.
Da arbeitet sie als Kran.
Sie stellt das Zirkuszelt auf
und am Ende baut sie es wieder ab.
In der Zwischenzeit dürfen alle Kinder
mit ihr spielen.

Papa ist das Gegenteil von Mama.
Er ist winzig klein.
Papa kommt jeden Tag
mit mir in die Schule.
Er sitzt den ganzen Tag
in einer Schuhschachtel
und passt auf,
dass ich nicht einschlafe.
Er pfeift sofort,
wenn ich nur ein bisschen gähne.
Papa ist schrecklich zuverlässig.

Papa hilft mir auch beim Rechnen.
Das kann er nämlich sehr gut.
Papa ist Buchhalter von Beruf.
Den ganzen Tag zählt er Zahlen zusammen.
Die Schuhschachtel ist sein Büro.
Ab und zu füttere ich Papa
mit Brot- und Kuchenkrümeln.
Oder ich gebe ihm kleine Stückchen Apfel.
In den Pausen fülle ich ihm sein Gläschen
mit frischem Wasser.
Manchmal spitze ich ihm die Bleistiftchen neu
mit meinem Taschenmesser.

Weil mich ja doch niemand hört,
flüstere ich Papa die Antworten zu,
und er lobt und korrigiert mich.
Papa will mir vorn an der Schulbank
ein Nebelhorn anbringen.
So eins, wie es die Schiffe haben.
Und einen Lautsprecher.
Damit mich die anderen hören,
wenn ich etwas sagen will.
Die werden staunen, was ich alles weiß.
Die ganze Schule soll es hören.
Wenn ich Papa immer gut füttere,
wird er bestimmt wieder größer werden.

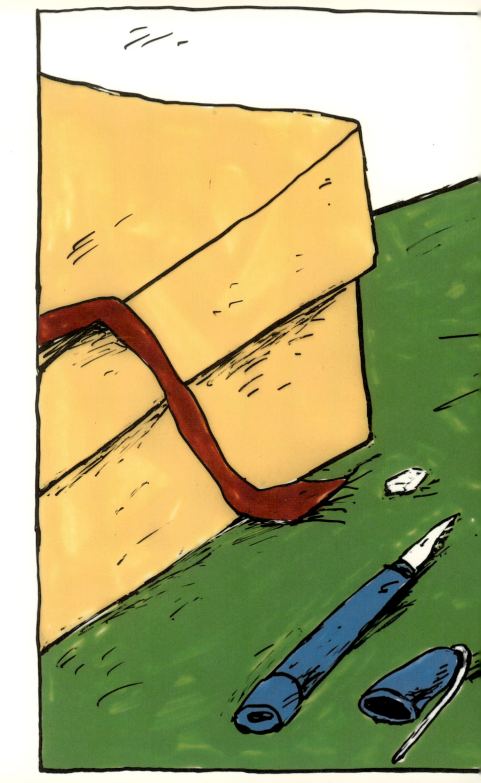

Papa war nämlich nicht immer so klein.
Und Mama war auch nicht immer so groß.
Natürlich nicht.
Sonst wäre ich doch nicht ihr Kind.
Als ich auf die Welt kam,
war Mama so groß wie alle Mütter
und Papa so groß wie alle Väter.
Auch später noch.

Eines Nachts haben sie sich
fürchterlich gestritten.
Ich bin davon aufgewacht.
Das weiß ich noch genau.
Und dann ist Papa ganz klein geworden
und Mama riesengroß,
so groß, dass sie nicht mehr
in die Wohnung passte.

Seither bekomme ich
Ansichtskarten von ihr.
Darauf schreibt sie ganz liebe Dinge,
nur für mich allein.

Ich habe Mama auch schon
viele Briefe geschrieben.
Ich habe Marken
auf die Umschläge gemalt
und die Briefe in den Postkasten geworfen.

Ich bin sicher, Mama kommt bald.
Dann wird sie
das ganze Schulhaus hochheben
und von Land zu Land tragen.
Unser Schulhaus wird jeden Tag
woanders stehen.

Dann können wir immer
in einer anderen Sprache sprechen
und immer wieder neue Menschen
und Länder sehen.
Das wird toll.

Natürlich leite ich die Reise.
Einen Lautsprecher,
ein Nebelhorn
und ein Fernglas
habe ich dann ja schon.

Brigitte Schär ist 1958 geboren und aufgewachsen in Meilen am Zürichsee. Sie studierte Germanistik und Europäische Volksliteratur und lebt als Schriftstellerin und Sängerin (Improvisation, Experimental, Jazz) in Zürich. Bei Hanser erschienen von ihr bisher drei Kinderbücher, die Jacky Gleich mit Bildern versehen hat: „Das geht doch nicht!" (1995), „Monsterbesuch!" (1996) und „Das Haus auf dem Hügel" (1998). Zuletzt erschien ihr Kinderroman „Die Entführung der Welt" (2000). Außerdem schrieb sie den Erzählband „Liebesbriefe sind keine Rechnungen" (1998) für Erwachsene. Sie wurde mit zahlreichen Literaturpreisen ausgezeichnet, so u. a. mit dem Kinder- und Jugendmedienpreis „Die rote Zora" 1999.

Jacky Gleich wurde 1964 in Darmstadt geboren und studierte an der Filmhochschule in Babelsberg. Sie lebt als Kinderbuchillustratorin in Berlin. Die meisten ihrer Bücher sind im Hanser Verlag erschienen. Sie illustrierte u.a. Geschichten von Amelie Fried, David Grossman und Peter Pohl. „Mama ist groß wie ein Turm" ist das vierte Buch von Brigitte Schär, zu dem sie Bilder gezeichnet hat. Für den Band „Hat Opa einen Anzug an?" erhielt Jacky Gleich 1998 – zusammen mit der Autorin Amelie Fried – den Deutschen Jugendliteraturpreis in der Sparte Bilderbuch.

Die Schreibweise in diesem Buch entspricht
den Regeln der neuen Rechtschreibung.

Unser gesamtes lieferbares Programm und viele
andere Informationen finden Sie unter
www.hanser.de

1 2 3 4 5   05 04 03 02 01

ISBN 3-446-19970-5
Alle Rechte vorbehalten
© Carl Hanser Verlag München Wien 2001
Satz: Satz für Satz. Barbara Reischmann, Leutkirch
Lithos: Fotolitho Longo, Bozen
Druck und Bindung: Proost N. V., Turnhout
Printed in Belgium